MW00714348

Un livre d'Alain Chiche - www.alainchiche.com
© Éditions du Sorbier, 2008
Dépôt légal : février 2008
ISBN : 978-2-7320-3901-5
Loi 49-956 du 16 juillet 1949
sur les publications destinées à la jeunesse
Imprimé en Belgique

J'ai le droit !

Texte et illustration
Alain Chiche

LE SORBIER

Je suis
PETIT,
c'est vrai...

... Mais j'ai le droit de vivre bien et de MANGER à ma faim.

J'ai le droit
d'être comme je suis
et d'être **DIFFÉRENT** aussi.
Comme toi.

J'ai le droit,
tu as le droit
d'être SOIGNÉ
et de dormir
dans un lit.

Être AiMÉ
et protégé,
c'est aussi
un droit.

J'ai le droit
d'apprendre
et d'aller à l'école ...
Le droit de LIRE !

Et même le droit
de RÊVER
et de chanter !

Mon corps
est à moi.
J'ai le droit
au RESPECT.

Est-ce que
j'ai le droit
d'avoir
un SECRET ?

... De faire parfois des BÊTISES, sans être grondé ... ?

Bien sûr,
on a aussi le droit
d'être SAGE.

Je n'ai peut-être pas
TOUS les droits...

Mais j'ai le droit,
tu as le droit
de parler,
d'être écouté,
et de **PENSER**
librement.

... Le droit
d'avoir des AMIS,
quels qu'ils soient.

J'ai le droit
de vivre en PAIX
et le droit
au bonheur...

...Le droit
de ne pas faire
la guerre.

Oui, nous avons tous ces droits parce que nous sommes des ENFANTS...

... Comme
n'importe où
sur la TERRE...

...Des ENFANTS,
tout simplement.

Les droits de l'enfant

Les enfants ont des droits affirmés par de nombreux textes internationaux. Leur reconnaissance a été longue et c'est aujourd'hui dans la Convention relative aux droits de l'enfant qu'ils sont énoncés.

Adoptée par les Nations unies en 1989, elle compte aujourd'hui 192 États parties, dont la France. À ce jour, c'est le texte relatif aux droits humains le plus ratifié dans le monde.

Cette convention développe des points précis concernant les droits de l'enfant. Ce n'est plus du tout une déclaration de principe puisqu'elle indique des orientations très concrètes, des mesures à prendre, dans tous les domaines, pour assurer la défense des droits des enfants. Elle énonce des obligations très précises auxquelles les États s'engagent.

Un abîme sépare cependant parfois engagements de certains États et quotidien de beaucoup d'enfants.

Sous l'expression des trois « P » sont désignés les droits énoncés dans la Convention relative aux droits de l'enfant liés à :
• **la protection** (qui fait référence au respect de l'intégrité physique) ;
• **le droit à des prestations** (le droit à bénéficier de soins, d'éducation ou de sécurité sociale) ;
• **le droit de participation** (le droit de l'enfant à faire quelque chose, d'agir lui-même, dans la mesure de ses moyens, et de participer aux décisions qui concernent sa vie. On s'attache ici aux libertés de penser [art.14], d'expression [art.12], d'information [art.13], d'association [art.15]),

La plupart des droits illustrés dans ce livre sont énoncés dans la Convention relative aux droits de l'enfant de 1989. Plusieurs d'entre eux s'appliquent également aux adultes ; le préambule de la convention rappelle néanmoins que l'enfance a droit à une aide et à une assistance spéciales.

Liens utiles

Pour accéder à l'intégralité de la Convention relative aux droits de l'enfant :
www2.ohchr.org/french/law/crc.htm
Pour en savoir plus sur l'action d'Amnesty international :
www.amnesty.fr

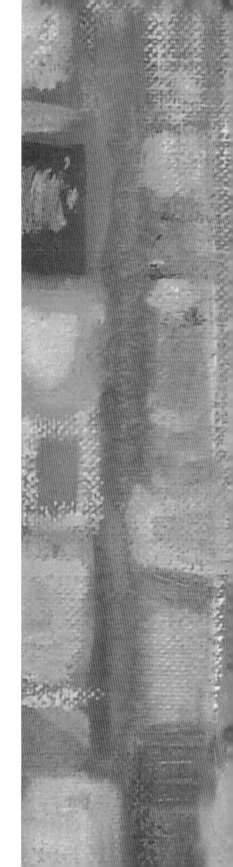